AF312107

LA CLOTURE

DU

TRIDUUM

CÉLÉBRÉ AU PENSIONNAT DES FRÈRES DE ROUEN

EN L'HONNEUR

DU

BIENHEUREUX J.-B. DE LA SALLE

PAR UN ANCIEN ÉLÈVE

11 JUIN 1888

ROUEN

IMPRIMERIE NOUVELLE, PAUL LEPRÉTRE

75, RUE DE LA VICOMTÉ, 75

LA CLOTURE DU TRIDUUM

LA CLOTURE

DU

TRIDUUM

CÉLÉBRÉ AU PENSIONNAT DES FRÈRES DE ROUEN

EN L'HONNEUR

DU

BIENHEUREUX J.-B. DE LA SALLE

PAR UN ANCIEN ÉLÈVE

11 JUIN 1888

ROUEN

IMPRIMERIE NOUVELLE, PAUL LEPRÊTRE

75, RUE DE LA VICOMTÉ, 75

Sans prétendre imiter M. Chantrel, qui, au lendemain de l'inauguration de la statue du Vénérable J.-B. de la Salle, faisait, en un volume des plus intéressants, le compte-rendu exact, complet et éloquent des fêtes du 2 Juin 1875, nous avons voulu, en restant dans une sphère beaucoup plus modeste, beaucoup plus en rapport avec le caractère intime de la fête que l'on célébrait au Pensionnat le 11 Juin dernier, résumer, pour répondre à un désir plusieurs fois exprimé, les principaux détails de cette fête de famille, dont le précieux souvenir nous est toujours présent à la mémoire.

Ces quelques pages ont été écrites à l'intention de nos anciens camarades, à l'intention surtout de ceux dont nous avons regretté l'absence. Qu'il nous soit permis, en outre, à titre de reconnaissance pour le sympathique accueil avec lequel nous avons toujours été reçu au Pensionnat, de faire modestement l'hommage de ce compte-rendu au T. C. Frère THOMAS, directeur du Pensionnat J.-B. de la Salle.

Rouen, le 1er Septembre 1888.

AVANT LA FÊTE

Il y a treize ans, le 2 juin 1875, à l'occasion de l'inauguration de la statue élevée à J.-B. de la Salle, il y avait grande fête dans notre ville ; c'était une manifestation imposante, un enthousiasme indescriptible, un hommage solennel rendu à l'un des plus grands bienfaiteurs de l'enfance, à l'Institut des Frères, qu'il a fondé, et à la religion qui a été l'inspiratrice de ses œuvres.

La France entière, les pays même les plus éloignés, applaudirent alors à cet acte de gratitude.

La fête qui a été récemment célébrée avait un caractère de solennité bien plus grand encore ; elle a eu, de plus, un caractère d'universalité.

Il semblait qu'à Rouen on dût, dans la mesure du possible, faire mieux que partout ailleurs. Rouen, on le sait, a l'honneur de posséder le tombeau du Saint.

Nous ne savons si ce vœu a été réalisé, mais ce que tout le monde sait comme nous, c'est que, pendant trois jours, notre vieille Cathédrale, où le pieux Abbé de la Salle venait souvent s'agenouiller, a été le témoin de cérémonies dans lesquelles les pompes religieuses brillaient de tout leur éclat; on y a entendu les discours d'éminents et pieux orateurs, les chants chrétiens les plus harmonieux comme poésie et comme art musical, on y a vu de nombreux fidèles adresser à Dieu, par l'intercession du Bienheureux J.-B. de la Salle, de ferventes prières.

Le Pensionnat de la rue Saint-Gervais, gardien des restes sacrés du pieux fondateur de l'Institut, a tenu, lui aussi, à fêter dignement, par un triduum spécial, la béatification de son glorieux père.

Les anciens élèves, en qualité de fils aînés de la famille, avaient été conviés pour la clôture de ce triduum et deux cent cinquante ont répondu à la gracieuse et pressante invitation du T. C. Frère Directeur. Nous étions du nombre, heureux d'être classé parmi les vétérans.

Sur l'initiative de quelques-uns des plus anciens, une Commission composée de MM. Ernest Aroux, Ernest Brée, Adrien Chesneau, Georges Morin, Paul Duclos, Gaston Brière, a organisé, pour perpétuer le souvenir de notre pieuse manifestation, une souscription afin d'offrir à la Chapelle un objet d'art. Le choix de la Commission s'est porté sur une paire de candélabres.

La générosité de nos collègues a beaucoup aidé la Commission dans son choix, et sans blesser, nous l'espérons du moins, la modestie des donateurs, nous prenons la liberté de citer ici leurs noms.

Ce sont :

MM. Adeline frères, de Caudebec-lès-Elbeuf.

Alépée, Etienne, de Louviers.

Alferinck, Eugène, de Rouen.

MM. AMAIL, Fritz, de Rouen.

ANFRY, Charles, de Rouen.

ANDRIEU, Oscar, de Saint-Martin-de-Boscherville.

ANGO, Joseph, de Pont-de-l'Arche.

AROUX, Ernest, de Rouen.

AZŒUF, Louis, de Baromesnil.

ANDRIEUX, Achille, de Rouen.

ALEXANDRE, Pierre, de Sahurs.

AUBOURG, Paul, de Rouen.

BAILLEUL, André, de Darnétal.

BALLUE, Charles, de Motteville.

BEAUREPAIRE (DE), Joseph, de Rouen.

BARBÉ, Hippolyte, de Rouen.

BARQ, Emile, de Rouen.

BELLET, Léon, de Rouen.

BENDERITTER, Eugène, de Rouen.

BERTAUX, Léon, du Havre.

BEUZELIN, Léon, de Bolbec.

BLOUET, Gabriel, de Rouen.

BIGOT, PAUL, d'Orbec.

BIGOT, Raymond, d'Orbec.

BOISARD, Faustin, de Dieppe.

BONÉ, Gustave, de Rouen.

BRAMTOT, Henri, d'Yvetot.

BRAQUEHAIS, Jules, de Rouen.

BRÉANT, Georges, de Rouen.

BRÉANT frères, de Rouen.

BRÉAUTÉ, Auguste, de Rouen.

BRÉAUTÉ, Gustave, de Rouen.

BRÉE, Ernest, de Darnétal.

BRIÈRE, Gaston, de Rouen.

MM. Buhot, Charles, de Rouen.
    Buisson, Adolphe, de Fécamp.
    Cailleux, Gaston, de Rouen.
    Calippe, Henri, de Dieppe.
    Callou, René, d'Elbeuf.
    Carpentier, Henri, d'Oisemont.
    Carrière, Joseph, de Rouen.
    Catois, Emile, de Rouen.
    Cauvin, Henri, du Havre.
    Cauvin, César, du Havre.
    Chatel, Maurice, de Rouen.
    Chatillon, Philibert, d'Yvetot.
    Chauvel, Emile, de Sotteville.
    Chauvel, Eugène, de Sotteville.
    Cherfils, Gaston, de Rouen.
    Chéron, Georges, de Rouen.
    Chesneau, Adrien, de Rouen.
    Chesneau, Maurice, de Rouen.
    Chrétien, Georges, de Rouen.
    Coignard frères, de Rouen.
    Colignon frères, de Louviers.
    Commin, Maurice, de Rouen.
    Conihout, Adolphe, de Pavilly.
    Crapier, Raphaël, de Rouen.
    Cretelle, Fernand, de Rouen.
    Cretelle, Georges, de Rouen.
    Croizé, Ferdinand, de Rouen.
    Croizé, Henri, de Rouen.
    Capperon, Cyr, d'Ourville,
    Danmanville, Joseph, de Rouen.
    Danet, Ferdinand, d'Hénouville.

MM. DAVID, Marcel, de Rouen.

DELACROIX, frères, de Martainville-sur-Ry.

DELAFONTAINE, Ernest, de Rouen.

DELALANDRE, Joseph, de Fauville.

DELAMARE, Charles, d'Heugleville-sur-Scie.

DELANOS, Henri, de Fauville.

DELAVOIPIÈRE, Gaston, de Rouen.

DELATTRE, Gaston, d'Hénouville.

DÉMAREST, Théophile, des Authieux-Rathiéville.

DENAIN, Adolphe, de Rouen.

DENAIN, Bernard, de Rouen.

DENIER, Auguste, de Blacqueville.

DEPAUW, Georges, de Saint-Etienne-du-Rouvray.

DEPERROIS, Georges, d'Harcanville.

DIEUSY, Gustave, de Rouen.

DORET, Francis, de Besançon.

DUCLOS, Paul, de Rouen.

DUFOUR, Léon, de Rouen.

DUFRESNE, Alphonse, de Rouen.

DUFRESNE, Jules, de Rouen.

DUJARDIN, Gaston, de Rouen.

DUMONT, Adolphe, des Andelys.

DUHAMEL, Marcelin, de Saint-Aubin-sur-Mer.

DUPARC, Jules, d'Hénouville.

DUPRÉ, Adolphe, de Gournay.

DUQUESNE, Jules, d'Anneville-sur-Seine.

DURAND, Jules, de Rosay.

DURAND, René, de Rouen.

DRAPIER, Emmanuel, de Rouen.

ELOY, Juste, de Martainville-sur-Ry.

FAVRAUX, Victor, de Fécamp.

MM. Feuillye, Edmond, de Rouen.

Flambard, Raymond, de Rouen.

Foitier, Auguste, de Saint-Victor-l'Abbaye.

Foitier, Emile, de Saint-Victor-l'Abbaye.

Fontaine, Albert, de Bourg-Achard.

Fournier, Paul, de Rouen.

Fremin, Georges, de Rouen.

Frétigny, Georges, de Rouen.

Galliot, André, de Rouen.

Garnier, Edouard, des Grandes-Ventes.

Garnier, Raoul, des Grandes-Ventes.

Gillé, Gaston, de Rouen.

Gobert, Armand, de Rouen.

Gresset, Alfred, de Rouen.

Grémouin, Gustave, de Rouen.

Gunther, Charles, de Rouen.

Hague, Edouard, de Barentin.

Hallé, Gustave, de Darnétal.

Halotel, Gaston, de Rouen.

Havard, Joseph, d'Yvetot.

Halbout, Léon, de Rouen.

Hédiard, Paul, de Rouen.

Hédouin, Henri, de Saint-Aubin-lès-Elbeuf.

Hédouin frères, de Rouen.

Hellot, Henri, de Rouen.

Houillier, Edouard, d'Elbeuf.

Huguerre, Albert, de Rouen.

Huet, Alphonse, du Havre.

Héricher, Charles, de Sainte-Marguerite.

Innocent, Georges, de Rouen.

Jouas, Louis, de Rouen.

MM. Jourdain, Alexandre, de Saint-Valery-en-Caux.

Joubert, André, d'Elbeuf.

Julien, Amboise, de Fresne-le-Plan.

Lachèvre, Léon, d'Yvetot.

Lailler, Alfred, de Rouen.

Lailler, Augustin, de Sotteville-lès-Rouen.

Lambert, Théophile, de Grand-Couronne.

Langlois, Eugène, d'Elbeuf.

Langlet, Auguste, de Dieppe.

Laporte, Léon, du Havre.

Leblanc frères, du Havre.

Lebourg, Emile, de Rouen.

Le Bocq, Edouard, de Rouen.

Lebret, Valentin, d'Oissel.

Lechesne, Louis, de Bolbec.

Lecoq, Henri, de Montivilliers.

Lefebvre frères, de Rouen.

Lefebvre, Albert, de Rouen.

Lefebvre, Gaston, de Petit-Quevilly.

Lefer, Paul, de La Neuville-Champ-d'Oisel.

Legoff, Pierre, du Havre.

Legoff, Louis, du Havre.

Legras, Edmond, d'Elbeuf.

Lehucher, Auguste, de Rouen.

Lelandais, Alphonse, de Rouen.

Lelièvre frères, de Biennais.

Lemarchand, André, de Rouen.

Lemercier, Augustin, de Doudeville.

Lemercier, Eugène, de Malaunay.

Lemercier, Emile, de Saint-Romain.

Le Moyne, Albert, de Rouen.

MM. Lemonnier, Emile, de Rouen.

Léonard, Eugène, de Bonsecours.

Lepicard frères, de Rouen.

Leplay, Auguste, d'Epouville.

Leroy, Gaston, de Rouen.

Leroy, Léopold, de Rouen.

Lesueur, Joseph, de Lisieux.

Levillain, Léon, de Callengeville.

Loir, Emile, de Darnétal.

Longuet, Charles, de Rouen.

Louail, Joseph, de Bosc-le-Hard.

M'c Kenna, Charles, de Rouen.

Maillard, Gaston, de Rouen.

Malandrin, Louis, de Rouen.

Malbranche, Léon, de Rouen.

Manneville, Lucien, de Rouen.

Mansel, Albert, de Caudebec-en-Caux.

Masson, Alphonse, de Saint-Martin-Osmonville.

Matuyau, Charles, de Rouen.

Maurel, Eugène, de Roncherolles.

Mégard, Léon, de Rouen.

Mégard, Gustave, de Rouen.

Ménard, Léon, de Saint-Victor-l'Abbaye.

Milliard, Georges, d'Alizay.

Milliard, Victor, d'Alizay.

Monnier, Pierre, de Rouen.

Montloin, Maurice, de Rouen.

Morin, Georges, de Rouen,

Motte, Albert, de Drosay.

Nicolle, Edmond, de Rouen.

Nion, Laurent, d'Ancourteville-sur-Héricourt.

Olivier, Louis, de Rouen.
Olivier, Louis, de Boisguillaume.
Ouin, Clovis, d'Alizay.
Owitz, Albert, de Rouen.
Owitz, Alfred, de Rouen.
Parmentier, Arthur, d'Elbeuf.
Patrouillard, Georges, de Gisors.
Pécuchet, Auguste, de Rouen.
Pécuchet, Henri, de Rouen.
Peltier, Albert, de Rouen.
Peltier, Gustave, de Rouen.
Peynaud, Adolphe, de Romilly-sur-Andelle.
Plaquevent, Frédéric, de Boisguillaume.
Poirrier, Maurice, de Rouen.
Pouchin, Léon, d'Yvetot.
Quenouille, Alexandre, de Bellencombre.
Quesnel, Fernand, de Sainte-Geneviève.
Quesnel, Léon, de Rouen.
Quesnel, Jules, de Rouen.
Queval (frère Bruno), de Darnétal.
Renault, Georges, du Havre.
Rolland, Jules, de Rouen.
Rolland, Edouard, de Rouen.
Roquigny, Lucien, de Boisguillaume.
Rosay, Jules, de Pavilly.
Royer, Emile, de Tours.
Salfray, Fernand, de Rouen.
Sauvage, Ernest, d'Elbeuf.
Serre (de la), André, de Rouen.
Seré, Emile, du Havre.
Theubet, Théodore, de Rouen.

Thomas, Albert, d'Yvetot.
Toutain, Henri, de Rouen.
Toutain, Louis, de Grand-Couronne.
Touzé, Alexandre, du Havre.
Trogneux, Georges, de Rouen.
Vallée-Houel, Jules, de Clères.
Vallot, Alphonse, de Rouen.
Valée, Paul, de Rouen.
Vautier, Georges, de Rouen.
Verrier, Charles, de Rouen.
Voisin frères, de Fauville.

Plusieurs de nos camarades, les uns retenus par leurs affaires, d'autres, malheureusement, par des raisons de santé, n'ont pu se rendre à l'appel qui leur avait été adressé. Le Cher Frère Directeur, en nous remettant la cotisation des absents, nous a communiqué plusieurs lettres de regrets et d'excuses. La discrétion nous empêche de les publier, mais elles montrent combien sont vifs les sentiments de respect et de gratitude de leurs auteurs.

11 JUIN 1888

———

A neuf heures, nous étions réunis à la Chapelle pour entendre la messe de clôture du Triduum, célébrée par M. l'Abbé Margueritte, vicaire général, et chantée par les élèves, sous l'habile direction de leur maître distingué, M. Yoult.

C'était la première fois que nous entrions dans la nouvelle Chapelle du Pensionnat et certes, tous, nous avons admiré ce bijou architectural.

Nous ne chercherons pas à décrire l'édifice dans toutes ses parties ; l'ensemble plaît à l'œil, les plans et détails ont été inspirés par le plus beau type de l'époque romane ; le chœur de forme circulaire et pavé en mosaïque, la nef accompagnée d'ambulatoires qui permettent une facile circulation en dehors des piliers, les voûtes, le portail tourné vers la place Saint-Gervais, les vitraux du chœur, les statues et le Chemin de la Croix, tout, en un mot, fait le plus grand honneur au talent de l'architecte.

« M. Barthélemy, dont l'éloge n'est plus à faire, a mis dans la « construction de cette Chapelle toute son habileté, mieux que cela, « il y a mis son cœur. »

(SEMAINE RELIGIEUSE DU DIOCÈSE DE ROUEN. — 23 Juin 1888).

2

La messe de Boissière a été fort bien interprétée par les élèves de la maison ; elle était accompagnée par un orchestre composé de professeurs, d'amis des Frères et d'artistes de la ville.

La marche solennelle et la Méditation préparées pour la circonstance par M. Yoult, ont obtenu un succès mérité.

Le panégyrique du Bienheureux, prononcé par M. l'Abbé Loth, curé de Saint-Maclou, de Rouen, a produit sur l'auditoire la plus vive et la plus profonde impression.

Parlant de la naissance de son héros, de sa vocation sacerdotale, parlant de l'abandon de sa fortune, des difficultés vaincues et du succès final, tout a été dit avec la chaleur d'expression, l'enthousiasme et l'éloquence qui caractérisent la diction de M. l'Abbé Loth.

L'orateur ne s'est pas borné à retracer la vie du fondateur de l'Institut des Frères ; il a parlé des services que l'Ordre a rendus et rend tous les jours dans le monde entier à la cause de la religion et de l'enseignement. Nous tous, élèves des Frères, qui avons eu le bonheur d'entendre ce panégyrique, nous avons applaudi du fond de nos cœurs au tableau si vrai, si touchant que M. l'Abbé Loth a fait des vertus, du dévouement de nos maîtres. Nos cœurs y ont applaudi, non seulement parce que l'orateur avivait les sentiments d'affection que nous professons à leur égard, mais encore parce qu'il nous montrait tout ce que nous leur devons de gratitude.

Un tel discours ne s'analyse pas, nous ne voudrions point, pour notre part, nous charger d'une semblable tâche ; c'est en entier, avec sa vigueur, son coloris qu'il doit être reproduit.

On le trouvera à la fin de ce compte-rendu.

BANQUET

A midi, un Banquet amical réunissait dans une des salles du Pensionnat deux cent-vingt-huit anciens élèves et quelques invités.

Parmi ceux-ci nous avons remarqué : M. l'Abbé Margueritte, vicaire général, M. l'Abbé Regneaux, archiprêtre de la Primatiale, M. de Beauvoir, curé de Saint-Godard, M. l'Abbé Loth, curé de Saint-Maclou, et plusieurs prêtres distingués de notre ville ; le Cher Frère Visiteur, etc. ; nous avons remarqué aussi, et non sans une douce émotion, la présence du T. C. Frère Ambroisin, ancien directeur et fondateur de la maison.

Nous avions déjà constaté avec plaisir, pendant la messe, que la physionomie si franche et si sympathique de notre ancien Directeur n'avait point vieilli. Dès sa sortie de la Chapelle, tous, nous étions là pour l'embrasser et, de concert avec beaucoup de nos familles, pour lui exprimer toute notre joie de le posséder quelques moments dans nos murs.

Nous sommes convaincu qu'il a été sensible à cet élan.

La salle du banquet offrait un coup d'œil charmant ; le menu était des mieux composés, le service et l'organisation générale faisaient le plus grand honneur au Cher Frère Econome.

Inutile, enfin, d'ajouter que la gaieté la plus franche n'a cessé de régner un instant parmi les convives.

Au dessert, de nombreux toasts sont portés.

M. Brée, un des plus anciens parmi les anciens, a pris le premier la parole. Son toast a été plusieurs fois interrompu par les applaudissements unanimes de la salle.

Nous sommes heureux de le reproduire :

MESSIEURS,

Délégué par mes camarades, je suis heureux de porter la santé au nom de tous :

A Sa Grandeur Monseigneur Thomas et au Très Honoré Frère Supérieur Général, tous deux absents, mais que nous savons être de cœur au milieu de nous ;

A M. l'Abbé Margueritte, vicaire général, qui a bien voulu présider ce banquet et rehausser ainsi par sa présence l'éclat de notre fête de famille ;

Aux autorités ecclésiastiques et civiles que nous avons l'honneur de posséder parmi nous ;

Au Cher Frère Assistant ;

Au Cher Frère Ambroisin. que nous sommes tous si heureux de revoir ;

Au Cher Frère Thomas, dont nous avons déjà pu apprécier les hautes qualités,

Enfin, à la prospérité de l'Institut, et en particulier du Pensionnat Jean-Baptiste de la Salle.

Nous tenons en grande estime et sincère amitié les anciens élèves havrais, et fussent-ils même venus par le Canal de Tancarville, nous avons été heureux de leur serrer la main et d'applaudir le toast éloquent et chaleureux porté par l'un d'eux.

Nous ne pouvons, d'ailleurs, en faire un plus grand

éloge qu'en le citant ici textuellement, M. Lecoq voudra bien nous le permettre.

MESSIEURS ET CHERS CAMARADES,

Après les paroles si bienveillantes et si sympathiques que l'honorable M. Brée vient de prononcer, je crois être l'interprète de tous, et en particulier des anciens élèves de l'arrondissement du Havre, en lui adressant mes sincères remerciements. M. Brée vient de traduire plus éloquemment que je n'aurais pu le faire les sentiments de tous ceux qui sont ici réunis, j'ajouterai même, Messieurs, de tous nos chers camarades absents ; ils regrettent bien vivement, j'en suis sûr, de n'avoir pu se joindre à nous pour honorer de leur présence la fête de celui aux pieds duquel nous venons. aujourd'hui, déposer nos tributs d'hommage et de reconnaissance.

Je croirais manquer à mon devoir si je n'adressais nos vifs remerciements à tous ceux qui ont contribué d'une manière quelconque à l'organisation de cette belle fête, qui marquera, j'en suis certain, dans les annales de la maison.

Tout d'abord au sympathique Frère Thomas, qui dirige avec tant de zèle et de sollicitude ce Pensionnat, et auquel est due l'excellente idée de nous réunir pour cette solennité, nous permettant ainsi de remonter à nos jeunes années et de nous faire retrouver nos bons camarades d'autrefois ;

Et ensuite, Messieurs, au Très Cher Frère Bruno et au Très Cher Frère Econome, qui, chacun dans leurs attributions, ont contribué si puissamment à l'organisation et à la réussite de cette fête.

Permettez-moi en outre, Messieurs, de rappeler à votre bon souvenir celui qui fut, pendant de nombreuses années, notre tout dévoué directeur ; celui qui, lors de son départ, a pu constater combien étaient grandes les sympathies qu'il avait su conquérir, tant parmi les parents qu'au milieu de son petit troupeau d'élèves ; celui, enfin, qui va nous permettre, aujourd'hui, de lui prouver une fois de plus que les élèves qu'il a formés étaient vraiment dignes de lui.

J'ai nommé, Messieurs, le Très Cher Frère Ambroisin.

Je vous propose donc, Messieurs, de boire au Très Cher Frère
Thomas, directeur, et à la prospérité du Pensionnat Jean-Baptiste de
la Salle ;

Au Très Cher Frère Ambroisin et à la réunion des anciens élèves ;

Au Très Cher Frère Bruno, au Très Cher Frère Econome, et à la
réussite de cette bonne fête. Puisse-t-elle être suivie de beaucoup
d'autres du même genre.

Nous voudrions pouvoir résumer comme elle le méri-
terait l'allocution de M. l'Abbé Margueritte, faite au nom
de Monseigneur Thomas, dont nous regrettions vivement
l'absence.

L'éloquence, le charme, la forme littéraire, les bons
conseils qui nous ont été si paternellement adressés, ont
donné à l'improvisation de M. le Vicaire Général un
caractère spécial, justement apprécié par toute l'assemblée ;
les approbations respectueuses et sympathiques de la salle
l'ont d'ailleurs bien prouvé.

Le T. C. F. Ambroisin venait à peine de se lever pour
répondre à son tour aux compliments que lui avaient
adressés nos amis Brée et Lecoq, que déjà on l'applaudissait.

Les paroles d'amitié qu'il nous a adressées nous rappe-
laient celles que nous étions heureux d'entendre autrefois ;
aussi, avons-nous éprouvé une douce émotion lorsque,
s'adressant à nous, il nous a appelés, comme il en avait
l'habitude : « Mes chers amis ».

Si nous avions eu l'avantage d'être initié aux connais-
sances sténographiques, nous les aurions utilisées avec
empressement pour reproduire, au grand profit de nos
lecteurs, le toast si paternel et si amical du T. C. Frère
Ambroisin.

A notre grand regret, nous ne pouvons en donner que quelques extraits :

Mes chers Amis.

Je vous remercie tout d'abord des paroles si sympathiques et trop flatteuses que vous venez de m'adresser, et que j'ai entendues depuis ce matin.

Il me faudrait la parole éloquente de M. le curé de Saint-Maclou, qui tout à l'heure nous a si bien parlé du Bienheureux, pour vous exprimer tout le bonheur que j'éprouve de me retrouver au milieu de vous.

. . . .

Je bois à votre santé et à celle de vos camarades absents. Je bois à la santé de vos bonnes et excellentes familles, à la prospérité de vos entreprises et surtout à votre persévérance dans les sentiments chrétiens qui vous animent.

. . . .

A la santé aussi du bon Frère Directeur du Pensionnat, le Frère Thomas, qui nous a fait à tous un si bon accueil, et qui vous montre combien il est heureux de vous connaître et d'entretenir avec vous des relations amicales.

A ce concert de voix si sympathiques, il manquait celle du T. C. Frère Thomas. Le nouveau directeur du Pensionnat n'est à Rouen que depuis quelques mois, mais déjà il a conquis l'affection de tous ceux qui le connaissent.

Nous sommes heureux de pouvoir reproduire à peu près textuellement ses paroles, aussi éloquentes qu'affectueuses :

Bien chers Amis.

Il me serait difficile de vous dire toute ma joie, en vous voyant aussi nombreux à cette fête de famille. J'ajoute cependant que je ne m'attendais pas à moins, connaissant votre filial attachement pour le Très Cher Frère Ambroisin, dont je salue avec vous la présence tant désirée.

Merci de cet empressement à répondre à notre invitation.

Quant à l'initiative de cette réunion, elle ne m'est pas entièrement personnelle.

Je pourrais vous en attribuer une bonne part, et voici comment: Mes rapports avec quelques-uns d'entre vous, m'ont permis d'admirer en eux tant et de si belles qualités, que j'ai souhaité vivement de vous connaître tous, pour m'assurer que vous ne le cédiez en rien à ceux que j'avais été à même d'apprécier.

Ma curiosité satisfaite, j'en tire la conclusion que le Très Cher Frère Ambroisin doit être heureux, et qu'il peut, à bon droit, être fier de ses anciens élèves.

Quant au but de cette réunion, vous le connaissez : Nous sentions, vous et moi, le besoin de nous voir, de faire connaissance, de fortifier les liens qui vous unissent à votre cher Pensionnat, à vos maîtres toujours dévoués. Nous voulions aussi vous faire partager nos joies; il était juste que vous fussiez associés au bonheur que nous apporte la béatification du fondateur de notre cher Institut ; votre présence au milieu de nous, en ces fêtes du Triduum, est le témoignage le plus éloquent de votre fidélité aux principes de foi et d'honneur qui vous ont été inculqués ici. Elle proclame bien haut que vous estimez, et qu'au besoin vous êtes prêts à défendre l'œuvre de l'éducation chrétienne fondée par le Bienheureux Jean-Baptiste de la Salle. Quel touchant tableau vous présentiez tout à l'heure aux pieds des autels! Deux cent trente jeunes hommes demeurés fidèles aux pratiques religieuses de leur enfance, fidèles à leur Dieu, à leurs devoirs de chrétiens, c'est un spectacle bien rare aujourd'hui ! Il n'en est que plus glorieux pour vous.

Aussi, les restes vénérés de notre saint Fondateur, que vous entouriez tout à l'heure, ont dû tressaillir dans la châsse qui les renferme. Sa protection vous obtiendra, j'en suis sûr, les plus abondantes bénédictions du ciel, pour vous et pour vos familles.

Nous avions besoin de vous aussi, Messieurs, pour inaugurer notre Chapelle, bien digne, n'est-ce pas, de celui dont elle abrite les précieuses reliques, bien digne également du Pensionnat qui vous doit, à vous surtout et au Très Cher Frère Ambroisin, son extension et sa prospérité ; car vous en êtes les assises, les pierres fondamentales.

Vous avez voulu y laisser un souvenir qui témoignât de votre reconnaissance, de votre piété et de votre attachement à vos anciens maîtres.

Cette pensée vous honore ; laissez-moi vous en féliciter, et, en portant votre santé, vous exprimer mes vœux bien sincères pour votre bonheur et celui de vos familles, pour la prospérité de vos affaires, pour la constitution prompte et stable de votre Société amicale ; enfin pour que vous souteniez toujours. avec la même fierté et d'une main aussi virile, le drapeau du devoir, de la vertu, de l'honneur chrétien.

Tel est le résumé de l'éloquente improvisation adressée aux anciens élèves par le Frère Directeur du Pensionnat ; elle a été saluée par les applaudissements de la salle tout entière. Son souvenir sera cher à nous tous.

SÉANCE MUSICALE
ET DRAMATIQUE

Dans l'après-midi, à deux heures et demie, une séance dramatique et musicale a été donnée par les élèves du Pensionnat, sous la présidence de Mgr Jourdan de la Passardière, évêque de Rosea.

L'assistance était des plus nombreuses et des mieux choisies.

Aux invités du banquet, plusieurs familles s'étaient jointes pour venir applaudir aux succès des jeunes artistes.

L'heureuse disposition de la nouvelle salle de réunion, et

les décors de la scène, peints par M. Humbert lui-même, avec le talent et le goût qui caractérisent ses œuvres, nous ont agréablement charmés dès notre entrée.

L'orchestre, si savamment conduit par M. Yoult, les chœurs chantés avec un entrain parfait par les élèves musiciens de la Pension, la tragédie en trois actes : *Ixile*, de M. l'Abbé Rainguet, interprétée avec succès par des jeunes gens de tout âge, les solos de flûte et de hautbois exécutés, avec le talent que nous leur connaissons, par MM. Emile Poitevin et Place, la poésie « *Signum fidei* », dite par M. Paul de l'Epine, *le Dialogue des Statues*, de Henri Bornier, récité avec verve par M. Andrieux, de l'Institution de Passy, les discours, enfin, prononcés au nom des anciens élèves et au nom de ceux actuellement pensionnaires, tout en un mot a été justement apprécié et les applaudissements sincères, sympathiques et plusieurs fois répétés, ont prouvé que chaque partie du programme avait fait infiniment de plaisir.

Nous citons plus loin tout ce qui a été dit, nous voudrions pouvoir en faire autant pour tout ce qui a été chanté ou joué. Ce serait faire acte de justice envers M Yoult. Ne lui devons-nous pas, en effet, une large part dans le succès obtenu , ne lui devons-nous pas également « *Armide* », l'orchestration des chœurs et la musique de la cantate au Bienheureux.

Nous regrettons également de ne pouvoir complimenter tous les artistes en particulier, tous cependant le mériteraient ; qu'il nous soit toutefois permis d'adresser exceptionnellement, nos plus élogieux compliments à MM. Martinais et Burette, pour l'interprétation des rôles d'Ixile et de Trophime.

UN MOT A MONSEIGNEUR

Par M. Georges Chevallier, élève de 1re Classe.

Monseigneur,

La joie qui rayonne sur nos fronts et les applaudissements enthousiastes qui ont salué votre entrée dans cette salle, vous disent assez combien votre présence vénérée nous apporte de bonheur... C'est que la nombreuse et belle famille du Pensionnat ne saurait éprouver de satisfaction plus grande ni plus douce que celle de posséder quelques instants Votre Grandeur.

On nous a dit, Monseigneur, avec quelle bienveillance et quel empressement vous avez bien voulu , sur l'invitation du Cher Frère Directeur, accepter la présidence de cette fête de famille. Sans doute, vous avez voulu donner à nos maîtres religieux une marque éclatante de votre particulière estime ; mais nous y voyons aussi un témoignage de paternelle affection à la jeunesse studieuse qui grandit dans cet établissement, à l'ombre du sanctuaire élevé à la gloire de l'immortel Apôtre de l'enfance.

Aussi permettez-moi, Monseigneur, de vous présenter les cœurs reconnaissants de tous mes condisciples, et de vous prier d'agréer l'expression de notre vive gratitude pour la faveur insigne dont vous honorez aujourd'hui le Pensionnat Jean-Baptiste de la Salle.

L'Institut des Frères reçoit en ce moment la plus solennelle des glorifications , et dans le transport universel qui a salué ce triomphe, il est fier de compter d'augustes et d'illustres sympathies : c'est d'abord l'Eglise qui, par la voix de son chef infaillible , a proclamé la gloire de l'élu de Dieu ; l'Episcopat français a répondu à ce signal, parti du Vatican, en conviant les multitudes à de pieux Triduums en l'honneur du nouveau Bienheureux ; et la France s'est levée à la voix des évêques, pour rendre un éclatant et public hommage au Fondateur des Ecoles chrétiennes.

Rouen ne pouvait rester étranger à cet élan unanime ; sa population chrétienne s'est souvenue que c'est dans ses murs qu'a pris naissance l'enseignement chrétien et l'Institut qui s'y dévoue ; que c'est dans ses murs que reposent les restes sacrés du véritable ami de l'enfance, ce héros modeste dont nous chantons aujourd'hui la gloire et les louanges.

A la voix du premier Pasteur de ce diocèse, les fidèles accourront empressés et nombreux aux pieux exercices du Triduum qui doit s'ouvrir demain à la Cathédrale avec tant d'éclat et de solennité, et auxquels, avec tous les élèves des Ecoles chrétiennes de Rouen, nous serons heureux de participer. Nous, élèves du Pensionnat, gardiens d'un si précieux dépôt, nous avons voulu notre fête intime, notre Triduum particulier. D'ailleurs, la magnifique Chapelle élevée en l'honneur du Bienheureux par l'amour filial de son Institut tout entier, ne conviait-elle pas à unir, dans de solennelles actions de grâces, les élèves et les amis de cette maison ? Nos aînés, anciens élèves du Pensionnat, l'ont compris ; ils sont venus se grouper autour de leurs anciens maîtres et leur donner dans cette circonstance un nouveau témoignage d'affectueuse gratitude.

Avec quelle satisfaction ont dû se revoir, se trouver ensemble, ces jeunes gens restés fidèles au drapeau de la foi et de l'honneur chrétien ; avec quelle douce émotion ils ont dû pénétrer, ce matin, dans cette maison bénie, qui naguère abritait leur enfance heureuse, ou voyait s'épanouir leur première adolescence.

Cette émotion, ces sentiments étaient partagés. Maintenant nos maîtres, nos devanciers et nous, ne formons qu'une même famille unie pour célébrer un ancêtre illustre, un père commun : le Bienheureux Jean-Baptiste de la Salle. A cette occasion, les élèves actuels du Pensionnat ont pensé être agréables à leurs aînés, ainsi qu'aux nombreux parents et amis qui veulent bien s'associer à notre joie, en représentant sur la scène le glorieux martyre d'Ixile. Ils ont mis à l'étude des divers rôles leur bonne volonté et tout leur savoir faire.

Toutefois, novices encore dans l'art de bien dire, les jeunes acteurs réclament toute l'indulgence de ce sympathique auditoire.

Puissent-ils intéresser Votre Grandeur et ne pas trop lui faire regretter les précieux instants qu'elle daigne nous consacrer aujourd'hui. Ce sera pour eux et pour nous tous la plus douce des récompenses comme le plus précieux encouragement.

« SIGNUM FIDEI »

Poésie dite par M. Paul de l'Epine.

Nous connaissons ta vie et voyons ton ouvrage,
Bienheureux de la Salle, ô sublime courage,
Héros des temps passés, précurseur des nouveaux,
Que rien ne peut lasser dans ses obscurs travaux.
Aux armes de ton Ordre apparaît une étoile,
L'étoile de la foi qui jamais ne se voile ;
Tu savais que la foi ne va point sans l'espoir,
Et qu'avec elle, on fait les martyrs du devoir ;
Tu ne t'es pas trompé. L'entreprise fut dure,
Mais enfin l'œuvre est là qui prospère et qui dure,
Forte de ses succès, forte de ses revers,
Et rayonnant jusqu'aux confins de l'univers !
Et nous te saluons sous la sainte auréole
Qui brille à nos regards et nous est un symbole
De ce que Dieu demande à nos constants efforts.
O saints, dès ici-bas, vous êtes les vrais forts,
Et seuls, dans leur vrai sens, vous pénétrez les choses,
Prévoyant les effets ou remontant aux causes,
Car vous voyez plus loin en voyant de plus haut.
Vous jugez le présent juste pour ce qu'il vaut,
Ne vous laissant point prendre à nos vaines chimères,
Et, ne comptant pour rien nos chagrins éphémères,
Vous allez répétant, sans retarder le pas :
L'obstacle n'a qu'un temps. le but ne passe pas !
Qu'aura fait notre siècle ? Il cherche, il rêve, il doute,
Il discute en mourant pour connaître sa route...
Toi, le voyant. tu vas, tu marches, tu combats,
Recrutant chaque jour quelques nouveaux soldats ;
Sûr de l'appui de Dieu, tu souffres, tu travailles,
Et sans avoir besoin de toutes nos trouvailles,
Deux cents ans avant nous, tu fais plus, tu fais mieux,
Au point que tes rivaux se font tes envieux.

Les grands mots dont partout se couvrent nos murailles.
Tu les portais, gravés au fond de tes entrailles,
Et les réalisais. Tu rapprochas les rangs
En donnant aux petits la foi qui les fait grands;
En les rendant chrétiens, tu les rendais tous frères,
Et tu nous préparais ainsi des jours prospères,
Dignes de voir enfin fleurir la liberté.
Mais les mots tiennent lieu de la réalité...
En attendant, les cœurs sont pris de nostalgie,
Malgré les temps meilleurs qu'annoncent les vigies,
Et déjà tant d'espoirs ont été surperflus,
Qu'à tout espoir nouveau personne ne croit plus.
Je me trompe, j'en vois que leur ardeur dévore
Et qui marchent la nuit au devant de l'aurore.
Fils du progrès, que sert d'avoir tout expliqué ?
Regardez, c'est la foi qui vous aura manqué.
La foi qui guide et pousse à travers les obstacles,
La foi qui sauve et fait, s'il le faut, des miracles!
Des miracles ? Voici le temps d'en accomplir,
O Bienheureux! Ta foi ne saurait nous mentir.
Maintenant ou jamais elle devient la tienne,
La mission de refaire une France chrétienne,
Et ton sillon encor n'est tracé qu'à demi.
Tu passais autrefois des nuits à Saint-Remi,
Près du tombeau du saint qui baptisa la France;
Prie encore avec lui ! Sa tâche recommence
Sublime, et rude aussi, comme au temps de Clovis,
Et l'Eglise a besoin de compter sur tes fils.
Soutiens-les, c'est pour eux qu'un jour Dieu t'a fait naître.
Et c'était pour cette heure, il faut le reconnaitre :
Car un astre nouveau, comme un signe de foi.
Vient de briller au ciel, et cet astre... c'est toi !

DISCOURS PRONONCÉ PAR UN ANCIEN ÉLÈVE

Au nom de ses Camarades.

Monseigneur,

Messieurs,

J'ai toujours été heureux de porter le titre d'Ancien Élève du Pensionnat des Frères de Rouen, aujourd'hui plus que jamais j'en suis fier, puisque c'est à ce titre que je dois l'honneur de prendre la parole en une aussi belle cérémonie et dans une circonstance aussi solennelle.

Avant de vous présenter, Messieurs, au nom de mes anciens camarades, nos hommages respectueux et l'expression de nos meilleurs sentiments, permettez-moi de faire appel à toute votre indulgence et de réclamer pour moi toutes vos sympathies.

Je suis déjà, il est vrai, un ancien parmi les anciens, et pour vous, mes jeunes camarades, qui l'année dernière étiez encore sur les bancs de l'école, nous sommes… presque des vieux; il n'en est pourtant pas moins vrai, que personnellement je suis bien peu expérimenté dans l'art de la parole, aussi, est-ce grâce au bienveillant accueil qui nous est ici réservé, que j'ai accepté la mission que vous avez bien voulu me confier.

J'en suis profondément touché et honoré et je viens affirmer que les sentiments de respect et de gratitude dont je suis ici l'interprète, tous les anciens élèves, présents ou absents, les ont toujours professés à l'adresse de leurs maîtres. Je viens affirmer hautement — et je ne serai qu'un écho bien affaibli de ces mêmes sentiments, — que tous, nous remercions sincèrement le Très Cher Frère Thomas de nous avoir conviés à une aussi belle fête de famille. Je viens affirmer, enfin, que nous lui sommes très reconnaissants de nous avoir, par une délicate attention, réunis aujourd'hui avec notre ancien Directeur, avec celui que nous aimons et respectons comme un père, avec celui qui n'a laissé à Rouen que des regrets, des symphathies et des amitiés, avec le Très Cher Frère Ambroisin, que nous avons vu partir malgré nos prières, nos démarches et nos instances. (*Applaudissements*).

Vous nous pardonnerez, Cher Frère Directeur, de ne pouvoir maîtriser notre élan, et si l'enthousiasme n'est pas la qualité favorite des Normands, et des Rouennais en particulier, ils n'en ont pas moins bon cœur et savent, à l'occasion, manifester ouvertement leur reconnaissance et leur joie.

Il me siérait bien mal, après la lettre pastorale de Monseigneur l'Archevêque de Rouen, qui nous a tous émus, après la cérémonie à laquelle vous avez assisté ce matin, de vouloir parler à mon tour du Bienheureux Jean-Baptiste de la Salle.

Tout en laissant ce soin à d'autres voix plus autorisées, laissez-moi faire, dans une sphère beaucoup plus modeste, un simple rapprochement entre les débuts de l'Institut des Frères, dont on vous parlait tantôt si éloquemment, et ceux du Pensionnat auquel nous avons eu le bonheur d'appartenir.

C'était, Messieurs, en 1874, les écoles communales à Rouen formaient chaque année de brillants sujets et l'instruction donnée aux classes ouvrières, par les Frères, répondait en tous points au programme de l'enseignement primaire.

Par contre, un seul établissement religieux, voisin de notre ville, dont l'éloge n'est plus à faire, consacré, dans une sphère plus élevée, à l'instruction de la jeunesse, avait ouvert un cours d'enseignement secondaire spécial; aussi, bien des familles chrétiennes manifestaient-elles le désir de voir les Frères, à leur tour, fonder à Rouen même un de ces pensionnats, qui déjà, dans d'autres villes, étaient arrivés à des résultats concluants à tous égards et qui, chaque année, présentaient avec succès des candidats aux examens universitaires.

Ce Pensionnat fut fondé, rue de la Chaine, paroisse de Notre-Dame.

Les élèves, au début, n'étaient pas nombreux ; si j'ai bonne mémoire, nous n'étions au mois de novembre que seize pensionnaires.

A chaque rentrée, le chiffre des élèves augmentait et le palmarès, à la distribution des prix, enregistrait à la fin de l'année les succès toujours croissants obtenus aux différents concours.

On ne pouvait plus satisfaire aux demandes des parents ; bientôt on dut penser à changer, pour un local plus grand et plus confortable, l'installation de la rue de la Chaine.

C'est pour nous, anciens élèves, un véritable bonheur que de nous reporter quelques années en arrière, et si aujourd'hui nous sommes assez heureux pour nous retrouver en famille avec le fondateur du Pensionnat, vous me permettrez, Messieurs, de ne pas oublier dans notre joie les absents et nos anciens et chers professeurs, ces collaborateurs de tous les instants, qui eux aussi ont contribué au succès de l'entreprise. Qu'ils veuillent bien recevoir l'assurance de notre respectueux dévouement et de notre plus sincère gratitude. (*Applaudissements*).

Je ne suivrai point les progrès du Pensionnat année par année, je constaterai seulement le chiffre actuel des élèves avec celui dont je vous parlais tout à l'heure. La différence est suffisamment éloquente, elle se passe de commentaires.

Un tel succès ne s'obtient pas sans veilles et sans persévérance. Si le Très Cher Frère Ambroisin a trouvé à Rouen, dès son arrivée, la sympathie que méritait l'affabilité de son caractère, si son successeur aujourd'hui reçoit ici l'accueil que justifient les services qu'il rend au Pensionnat, il est néanmoins manifeste qu'au saint exemple de leur maître vénéré, ils ont été tous deux à la hauteur des difficultés qu'ils avaient à vaincre.

Messieurs et chers camarades, vous avez maintes fois manifesté l'intention de fonder une association amicale d'anciens élèves. Ce désir si légitime de vos cœurs reconnaissants, nous voudrions pouvoir le mettre à exécution dès à présent. Le bienveillant concours du Très Cher Frère Thomas et de nos anciens professeurs nous est assuré, votre bonne volonté nous est acquise ; que manque-t-il donc aux anciens que vous avez même désignés pour faire voter en une assemblée générale des projets de statuts consciencieusement élaborés ? Je répondrai : nous avons le temps. En effet, Messieurs, croyez-vous qu'il y ait péril à ajourner à un peu plus tard la fondation de cette Société amicale ? Les plus anciens parmi vous, ne l'oubliez pas, sont encore bien jeunes, et comme je suis du nombre, je n'hésite pas à demander s'ils sont suffisamment mûris par l'expérience. Ont-ils, quant à présent, des situations qui leur permettent de consacrer le temps nécessaire à la marche et au succès de l'association ?

Ces réflexions nous ont été suggérées par plusieurs d'entre vous, Messieurs, et comme nous savons que nous serons toujours reçus avec empressement dans cette maison par le Très Cher Frère Directeur, ne trouverons-nous pas là un moyen d'attendre le moment propice pour nous retrouver tous et poursuivre notre idée commune ?

C'est une proposition que nous laissons à votre jugement le soin d'apprécier, et que nous ne chercherons pas à faire prévaloir quand même.

Laissons de côté pour un moment, si vous le voulez bien, la question de la Société amicale des Anciens Elèves du Pensionnat des Frères, ne pensons qu'à la joie de nous trouver tous assemblés ici, et si notre réunion a un caractère de réunion de famille, elle revêt aussi un caractère de solennité que nous devons, Monseigneur, à votre présence.

Un jeune homme vous exprimait, il y a un instant, au nom de ses camarades, la reconnaissance des élèves du Pensionnat ; dans des paroles pleines de courtoisie à notre adresse, il exprimait tout particulièrement la satisfaction de ses condisciples de voir leurs aînés se joindre à eux.

Eh bien ! permettez-nous, Monseigneur, nous qui sommes ces aînés, de confondre dans un même élan d'enthousiasme nos remerciements avec les leurs et d'assurer à Votre Grandeur, au Très honoré Frère Supérieur dont nous regrettons l'absence, au Très Cher Frère Ambroisin, au Très Cher Frère Directeur et à vous tous, Messieurs, notre respectueux et profond dévouement.

Qu'il nous soit permis aussi de professer hautement notre attachement pour le Pensionnat Jean-Baptiste de la Salle, pour le bonheur que nous cause son succès. Nous nous associons de tout notre cœur à ce qui rehausse son éclat ; la construction de la magnifique Chapelle dont il vient d'être doté, nous réjouit tous ; l'ornementation de cet édifice ne nous a pas laissés indifférents, notre modeste offrande, que l'on a bien voulu agréer, le prouve.

Elevant nos pensées plus haut, nous nous inspirons de nos sentiments chrétiens pour fêter, nous aussi, la béatification du pieux et saint Fondateur de l'Institut des Frères, et si cette récompense accordée au Bienheureux Jean-Baptiste de la Salle comble les vœux de tout l'Institut qu'il a fondé, elle est applaudie par ceux qui, comme nous, s'honorent d'avoir été élèves du Pensionnat des Frères.

LE DIALOGUE DES STATUES

Poésie de Henri de BORNIER

Récitée par M. Andrieux, ancien élève du Pensionnat de Passy.

I.

C'est à Rouen, la nuit. Ville et port, tout sommeille
Sous *l'obscure clarté* que connaissait Corneille ;
La lune large et douce éclaire vaguement
Sur une place ancienne un nouveau monument
Dont la base de marbre et les fermes pilastres
Dressent un bronze noir sous la blancheur des astres.

La nouvelle statue, hier voilée encor
Et qui vit à ses pieds, sous les bannières d'or,
Peuples, prêtres, soldats, passer la ville entière,
N'est pas la seule dont cette cité soit fière :
Napoléon le Grand, le Grand Corneille aussi,
Boieldieu, Jeanne d'Arc, ont leur statue ici,
Et l'on pourrait entendre, ainsi que dans un rêve,
Des quatre monuments une voix qui s'élève.

— Est-ce, dit Boieldieu, quelque roi de notre art,
Un Beethoven français ? Est-ce un autre Mozart ?
D'une âme tour à tour noble, ardente, attendrie,
A-t-il trouvé soudain, pour sauver la Patrie,
Un de ces chants qui sont comme le cri d'un dieu ?

Mais le bronze inconnu répond : Non, Boieldieu.

— Est-ce un frère nouveau que la gloire m'envoie ?
Dit Corneille ; mon âme espérait cette joie.
Vous tous qui m'appelez et le maître et l'aïeul,
Je me plaignais ici que vous me laissiez seul !

L'honneur vrai du poète et son orgueil suprême
Est d'avoir des rivaux qu'il a créés lui-même ;
J'en eus, et j'en aurai d'autres, si Dieu m'entend.
Toi qui viens de monter sur ce socle éclatant,
Quelle est l'œuvre dont l'art, grâce à toi, s'émerveille ?
Quel est ton *Cid* ?

            — Aucun, dit le Bronze à Corneille.

— Est-ce une sœur qu'on vient de me donner ici ?
De Dieu par toi la France obtient-elle merci ?
Humble fille partant des marches de Lorraine,
As-tu montré comment un grand peuple s'entraîne ?
As-tu chassé l'Anglais et couronné ton roi ?
Dans les flammes au ciel allas-tu comme moi ?
— Non, répond la statue à Jeanne la Pucelle.

Alors Napoléon, dont l'œil noir étincelle,
Dit brusquement, croyant qu'on peut dire cela
Aux morts comme aux vivants : — Pourquoi t'a-t-on mis là ?
Bronze d'hier, quel est le nom dont l'on te nomme ?
As-tu pris Berlin, Vienne, Alexandrie ou Rome ?
Sais-tu tous les chemins qu'un héros peut gravir ?
Sais-tu sauver un peuple et sais-tu l'asservir ?
De quels éclairs ta gloire est-elle revêtue ?
De quels bronzes de guerre a-t-on fait ta statue ?
Pourquoi tous ces honneurs, ces drapeaux triomphants ?
Réponds.

        — J'appris à lire à de petits enfants ;
J'étais un simple prêtre, et mon nom est La Salle.
J'eus pour seuls ennemis l'ignorance fatale,
La paresse, l'oubli du devoir et de Dieu.
Ainsi j'ai fait du bien aux hommes, mais trop peu ;
Ce qu'ils doivent au soin que de tout j'ai su prendre,
C'est de vous mieux connaître et de vous mieux comprendre,
Poètes ou héros. Sans moi, Napoléon,
Plus d'un homme aurait peine à déchiffrer ton nom ;

Plus d'un ne pourrait pas lire tes vers, Corneille ;
Mais pourquoi ma statue à la vôtre est pareille,
Je me l'explique mal, et l'on pouvait choisir
Plus d'un grand homme à qui ce bronze eût fait plaisir !

II.

Tu te trompes, héros du travail populaire :
Le vrai maître du monde est celui qui l'éclaire,
Et César, qui, d'un geste auguste et souverain.
Porte le glaive d'or ou le sceptre d'airain,
N'est pas plus grand, aux yeux du poète et du sage.
Que ce prêtre arrêtant deux enfants au passage
Et leur montrant, avec un regard paternel,
D'une main un vieux livre, et de l'autre le ciel !

Vers la fin de la cérémonie, Mgr Jourdan de la Passardière a pris la parole. Avec cette éloquence persuasive qui lui est propre, répondant aux compliments qui venaient de lui être adressés et s'inspirant des divers incidents de la séance, Sa Grandeur a su charmer son auditoire dans une heureuse improvisation, que nous sommes malheureusement dans l'impossibilité de reproduire textuellement.

Nous citerons seulement ce passage :

« *A Tunis, a dit Mgr Jourdan de la Passardière, on reçoit dans les écoles des Frères les enfants des Musulmans et des Juifs. On leur donne l'instruction, en leur montre ce que sont les Frères des Écoles chrétiennes, mais on ne les admet jamais aux cérémonies du culte catholique. Lors des fêtes célébrées en l'honneur du Bienheureux, — il y a quinze jours, — les anciens élèves (musulmans et juifs) ont demandé comme une faveur*

*d'assister aux cérémonies, et nous les avons entendus chanter,
— en français et avec joie, — les cantiques comme leurs anciens
condisciples catholiques. »*

Puis, en terminant et en s'adressant aux anciens élèves
et à leurs successeurs, Sa Grandeur ajoute : « *Vous devien-
drez des hommes de cœur, des Français, des patriotes, des
chrétiens sans peur et sans reproche.* » (Triple salve d'applaudissements).

LE DINER

Il est sept heures, nous sortons de la Chapelle, où nous
étions allés entendre un Salut solennel ; de nouveau nous
sommes invités à nous rendre à la salle du banquet.

Un dîner de deux cent cinquante couverts nous y atten-
dait et, certes, la gaieté du soir ne le cédait en rien à celle
du matin.

Au dessert, un de nous a porté le toast suivant :

Avant de nous séparer, Messieurs, permettez-nous d'adresser en
votre nom nos remerciements et nos félicitations à la Commission
d'organisation, qui s'est occupée du choix et de l'achat de notre
modeste souvenir. Vous nous permettrez également de remercier tout
particulièrement MM. Chesneau, Aroux et Morin. (*Applaudissements*).

Je crois aussi être l'interprète de toutes les personnes réunies ici, en
exprimant le regret que des circonstances pénibles privent notre fête
de famille de la présence de M. Keittenger, le digne président de la
Société civile à laquelle Rouen doit la fondation du Pensionnat, et de

M. Barthélemy, l'artiste éminent qui a construit la Chapelle où reposeront désormais les restes sacrés du Bienheureux Jean-Baptiste de la Salle.

Donc, Messieurs, je vous propose de porter la santé de M. Keittenger, de M. Barthélemy et de leurs familles. (*Applaudissements*).

LA FÊTE DE NUIT

La fête n'eût pas été complète sans illuminations et sans feu d'artifice, et puis, quand on possède une aussi excellente musique que celle du Pensionnat, une retraite aux flambeaux devait couronner agréablement une journée dont le programme avait été déjà si varié.

A huit heures et demie, les cours de récréation étaient brillamment éclairées. L'illumination avait été préparée de longue main par MM. de l'Epine, Duclos, Brière, Morin, Halbout et Anfry, avec l'obligeant concours de MM. Vautier, Thorel, Gissy et Maillard. La réussite n'a rien laissé à désirer.

Des guirlandes de lanternes vénitiennes, entremêlées de verres multicolores, formaient une foule de dessins variés qu'on ne se lassait pas d'admirer. Un reposoir, gracieusement encadré de verdure, éclairé avec un goût parfait, avait été dressé en l'honneur du Bienheureux ; il présentait à lui seul un aspect vraiment féerique.

Des flammes de bengale et le feu d'artifice lui-même, offert par les élèves, donnaient de temps à autre un aspect différent et à la fois charmant aux arbres, à la Chapelle et au Pensionnat tout entier.

Trop tôt au gré de chacun de nous, trop tôt même au gré de beaucoup de parents et de bien des invités, la musique qui venait de nous charmer par ses morceaux variés a donné le signal de la retraite aux flambeaux. C'était également le signal de la fin.

Seize petits bambins battent le tambour comme de vieux soldats, les musiciens jouent avec un tel entrain que l'illusion est complète et que, pendant un moment, on croit entendre une de nos meilleures musiques militaires.

Le cortège est éclairé par des lanternes et des flambeaux que portent quarante jeunes élèves mêlant leurs voix et leurs chants aux sons harmonieux de la musique.

A ce moment l'enthousiasme est à son comble, à chaque pas, sur le passage du cortège, ce ne sont que des bravos et des applaudissements.

Et maintenant que notre tâche est achevée et que, suivant l'aimable expression de Montaigne : « J'ay seulement fait « ici un amas de fleurs estrangieres, n'y ayant fourny du « mien que le filet à les lier », nous n'avons plus en terminant qu'à réclamer la sympathique indulgence de nos lecteurs.

Nous remercions ici les personnes qui ont bien voulu

nous autoriser à enrichir notre compte-rendu de leurs propres travaux, et celles qui ont ajouté des renseignements à ceux que nous possédions déjà.

Puissent ces pages, écrites sans prétention aucune, être accueillies par nos maîtres comme un témoignage de la reconnaissance que nous avons pour eux ; puissent-elles, si elles sont lues plus tard par nos condisciples, leur rappeler les joies intimes qu'ils ont goûtées dans cette journée et évoquer en eux le souvenir de celui qui fut et désire être toujours leur ami.

A. L.

PANÉGYRIQUE

DU BIENHEUREUX

JEAN-BAPTISTE DE LA SALLE

Prononcé par M. l'Abbé Julien LOTH

DOCTEUR EN THÉOLOGIE, PROFESSEUR HONORAIRE DE LA FACULTÉ DE THÉOLOGIE

CHANOINE HONORAIRE, CURÉ DE SAINT-MACLOU DE ROUEN

LE LUNDI 11 JUIN 1888

Dans la Chapelle du Pensionnat J.-B. de la Salle, à Rouen

OÙ SONT CONSERVÉES SES RELIQUES.

———

Hic est fratrum amator et populi Israel.
Voilà un homme qui a bien aimé ses frères
et le peuple de Dieu.
II. Macch., XV, 14.

Mes Frères,

Le monde catholique retentit depuis l'aurore de cette année du nom et des louanges du bienheureux fondateur de l'Institut des Frères des Écoles chrétiennes. Rome, la ville mère et maîtresse, a donné le signal. La France, dont J.-B. de la Salle a été le digne fils et l'un des plus insignes bienfaiteurs, s'est efforcée d'élever ses hommages à la hauteur de sa reconnaissance. Rouen, où le Bienheureux a mis le sceau à son œuvre et à sa sainteté, et qui a gardé fidèlement son tombeau, couronne les démonstrations de la piété publique par ses solennels *Triduums*.

Rien n'aura manqué à la splendeur de l'amour du peuple chrétien : ni le concours des princes de la hiérarchie sacrée, ni les accents des plus éminents orateurs, ni les magnificences de l'art, ni les pompes de nos cérémonies, ni les empressements du culte le plus populaire. Et cependant, si j'ose le dire, c'est ici, dans ce sanctuaire, que nos hommages revêtent le caractère le plus tendre et le plus touchant, car le Bienheureux est avec nous. Tout ce qui reste de ce grand homme de bien et de ce saint est là sur ce trône d'honneur dont nous ne pouvons détacher nos regards.

Je rends à ces sacrés ossements la vie qui les animait. Je vois sa douce figure, austère et souriante, ses cheveux blanchissants, ses yeux si profonds et si purs, ses traits où la souffrance avait marqué sa trace, sans pouvoir effacer les reflets de la beauté supérieure et de la souveraine bonté qui lui gagnaient les âmes. Cette vision se dégage des ombres du souvenir ; elle m'apparait dans la lumière et l'éternelle jeunesse du ciel. *Species cœli in visione gloriæ* (1). Qu'il est grand, qu'il est beau le Bienheureux ! Et, volontiers, je tomberais à ses genoux pour le prier en silence dans le ravissement et l'émotion de ma foi.

Comment oser parler de vous, grande âme que le Seigneur a revêtue de gloire et d'immortalité, et enivrée au paradis de ses délices infinies ? Quel charme peuvent avoir pour vous nos misérables paroles d'ici-bas ? Aussi n'est-ce pas pour vous, mais pour nous, pour soulager notre cœur, pour acquitter la dette de notre reconnaissance que nous avons accepté la mission qui nous a été confiée. Prêtre, je viens vous bénir au nom de mes frères dans le sacerdoce. Curé de l'une des plus anciennes paroisses de cette cité, je n'ai pas oublié que c'est à Saint-Maclou que vous avez fondé votre première école de Rouen, où nous jouissons depuis deux cents ans de vos bienfaits.

C'est au nom des multitudes d'enfants pauvres qui vous doivent, à vous et à vos dignes disciples, leur instruction chrétienne, que je viens vous honorer et vous remercier. *Narrabo omnia mirabilia tua, narrabo nomen tuum fratibus meis* (2). Permettez donc que j'oublie un moment mon indignité et votre grandeur, pour édifier cet auditoire, en lui rappelant que vous avez aimé, beaucoup aimé vos frères et le peuple de Dieu.

D'autres voix plus éloquentes que la mienne ont célébré et célébreront

(1) *Eccli.*, XLIII, 1.

(2) Ps. IX, 2 ; XXI, 23.

encore, dans nos solennités, l'histoire du Bienheureux, ses vertus, sa belle vie, sa sainte mort; ses louanges, répétées dans toutes les langues parlées par les hommes, se prolongeront jusqu'aux extrémités de la terre, *a finibus terræ laudes audivimus, gloriam justi* (1). Pour moi, circonscrivant mon sujet dans l'humble sphère qui convient à mes efforts, je ne veux vous parler aujourd'hui que de son amour d'apôtre, en le considérant en lui-même d'abord et dans les fruits qu'il a portés ici-bas.

(1) Isaïe. XXIV, 16

I.

L'amour de l'apôtre, tel que le comprend la doctrine catholique et que je le définis ici. est le don de soi fait au prochain avec toute l'abnégation et tous les sacrifices réclamés par le salut des âmes ; c'est le commentaire en action de la parole du Maître divin : « Vous aimerez votre prochain comme vous-même pour l'amour de Dieu. » Pour accomplir cette grande loi de l'amour et continuer l'œuvre du Sauveur. il faut que l'apôtre se renonce soi-même, porte sa croix tous les jours, et suive le Christ jusqu'à l'immolation suprême du Calvaire. *Si quis vult post me venire, abneget semetipsum. et tollat crucem suam quotidie et sequatur me* (1). Il faut qu'il puisse montrer, comme Paul, les glorieuses marques de ses souffrances, qu'il signale chacun de ses pas par les traces de ses larmes répandues, et qu'il présente, dans son corps meurtri et épuisé, l'image vive et naturelle de Jésus crucifié. Alors il a le droit de s'écrier : « Je donne de tout mon cœur tout ce que j'ai, et je me donne encore moi-même pour le salut de vos âmes. *Ego autem libentissime impendam, et superimpendar ipse pro animabus vestris* (2).

Jean-Baptiste de la Salle était de ces héros de dévouement qui. ayant beaucoup reçu, ont beaucoup à sacrifier avant de se donner eux-mêmes. Il était né riche, d'une antique et noble famille, avec tous les dons de l'intelligence et du cœur. Ses aïeux s'étaient honorés sous les armes, comme de bons chevaliers ; on les avait vus combattre à côté d'Alphonse

(1) Saint Luc, IX, 23.

(2) Saint Paul, II. *Corinth*, XII, 15.

d'Aragon, de Bayard, de Charles VIII ; leur blason était sans tache et leur renommée sans ombre. Jean-Baptiste, l'aîné de la famille, se trouvait appelé à en continuer les traditions et à en soutenir le lustre, lorsque, dans la fleur de ses ans, Il entendit la voix du maître qui lui dit : « Viens, suis-moi ! »

Il renonce sur le champ aux joies de ce monde, se consacre au service des autels et devient homme d'Eglise. Mais, là même, la considération dont il était entouré lui fait une place de choix. Il est chanoine de l'illustre Métropole de Reims, docteur en théologie, appelé, ce semble, à tous les honneurs de la cléricature. Est-ce toute la volonté de Dieu ? Non, il lui parle de nouveau au cœur, il lui montre une œuvre plus haute à accomplir.

Dans ce siècle, le plus brillant et le plus glorieux de notre histoire, où Bossuet et Fénelon enseignaient les rois, Bourdaloue, Fléchier, Massillon, la cour et les grands, où Pascal écrivait pour les penseurs, Newton et Leibnitz pour les savants, il fallait un apôtre pour évangéliser les enfants des pauvres.

Déjà Vincent de Paul était apparu et avait soulagé leur misère. Jean-Baptiste de la Salle, dont le nom ne pâlira pas à côté de ces grands noms, fut choisi pour les instruire.

Vous élevé-je trop haut, mon Bienheureux ? Dans cette mêlée éblouissante de génies et d'illustrations qui font cortège au grand roi, quelle place y a-t-il pour l'humble prêtre Jean-Baptiste de la Salle ? Ah ! si la gloire se mesure à l'amour et aux œuvres accomplies, il n'est inférieur à aucun de ces grands hommes.

Certes, les hommes d'Etat qui avaient nom Colbert et Louvois ; les hommes de guerre qui ont frappé ces grands coups d'épée dont toute l'Europe a retenti, Condé, Turenne, Luxembourg, Villars, ont porté loin le renom et l'influence de notre patrie ; mais Jean-Baptiste de la Salle, par ses écoles et par ses disciples, les fera pénétrer plus loin encore, dans l'Asie, l'Afrique, l'Océanie, où, sous la bure des frères, apparaîtront la langue, le génie, la charité de la France, et, la faisant mieux connaître par leurs bienfaits de chaque jour que les conquérants par leurs victoires éphémères, la feront plus aimer.

Les poètes immortels, Corneille et Racine, Boileau, Molière, la Fontaine, ont enchanté de leurs accents la génération qui les a entendus et toutes celles qui suivront ; mais quelle tragédie, quelle ode est comparable à l'hymne de la délivrance chantée par ces millions d'enfants rachetés de l'ignorance et de la dégradation.

Oui, ces philosophes, Malebranche et Descartes ; ces savants, Labbe, Mabillon, Petau, Tillemont, Thomassin, Tournefort, Fermat, Mersenne, Cassini, et tant d'autres, ont reculé les bornes de l'esprit humain ; mais la Salle a ouvert à la multitude des petits les horizons infinis de la foi.

Nos peintres accomplis, Nicolas Poussin, Lesueur, Jouvenet, Lebrun ; nos artistes, Lulli, Mansard, Lenôtre, Nanteuil, G. Audran, ont laissé des œuvres exquises et embelli jusqu'aux grâces et aux charmes de la nature ; mais notre Jean-Baptiste de la Salle, ouvrier divin, a formé des âmes ! Son œuvre, étant plus haute, lui mérite plus de gloire, et, plus profonde et plus sainte, a duré plus longtemps.

Car qu'est-il resté debout des entreprises, des conquêtes et des splendeurs de ce beau siècle ? Le trône qu'il environnait de grandeur et d'éclat a croulé, toutes les institutions qui relevaient de lui ont péri, la race de Louis XIV est errante dans l'exil, cette noble province qu'il avait donnée à la France, l'Alsace, a été arrachée à la mère-patrie, Metz la Pucelle est foulée aux pieds des Teutons, le soleil de nos gloires et de nos prospérités s'est couché tristement dans un nuage de sang et de honte. O France de Louis XIV, où te retrouverai-je ? Voyez passer dans nos rues la robe noire et le rabat blanc des Frères des Ecoles chrétiennes, escortés de la légion joyeuse des petits enfants, c'est Jean-Baptiste de la Salle lui-même tel que l'a connu le xviiᵉ siècle, c'est son Institut qui a survécu à tous les cataclysmes et à toutes les révolutions, car l'amour est plus fort que la mort, et ses œuvres sont impérissables. Donc je vous salue, grand humble, au milieu des héros de votre époque, où la reconnaissance publique vous placera toujours ; je vous salue avant de raconter vos épreuves et vos abaissements volontaires.

Vous voulez descendre dans la foule pour la gagner à Jésus Christ, je vous suis maintenant dans vos humiliations. Vous le savez, pour être écouté du peuple, il faut se rapprocher de lui et lui prêcher par l'exemple. S'il n'est que trop sensible aux grands mots et aux déclamations intéressées de ceux qui l'exploitent en le trompant, il résiste rarement à l'éloquence des actes.

D'ailleurs, Jean-Baptiste veut être apôtre, et, comme les apôtres, tout quitter pour suivre Jésus-Christ.

Alors eut lieu le grand acte du renoncement absolu. Il était dans l'antique et opulent manoir de ses ancêtres et il avait trente-deux ans. « Allons, se dit-il, il faut sortir d'ici, mettre aux pieds de la croix les titres et les honneurs, vendre et donner aux pauvres tout ce que je possède, oublier la maison de mon père et le nom que je porte, m'en aller, la besace au dos et le bâton à la main, évangéliser les pauvres. »

Les voix de la terre lui répondaient : « Arrête un instant, Jean-Baptiste. Oublies-tu que tu es l'aîné de la famille, que tes frères et tes sœurs réclament ton appui, que ces biens que tu vas disperser sont les fruits des labeurs de vingt générations ?... Regarde tes aïeux, ils t'ont laissé l'héritage de leur honneur, de leurs sacrifices, de leurs travaux. Est-ce pour le jeter à la rue et passer pour insensé aux yeux du monde ?

— Je brise tous mes liens, disait Jean-Baptiste, et je meurs à tout ce qui n'est pas le Christ.

— Mais l'Église de Reims, reprenaient les voix d'en bas, tu lui appartiens, elle t'a ouvert ses rangs, elle t'a placé dans ses conseils et revêtu de ses dignités.

— Vous m'arrêtez en vain : j'ai vu le Christ dépouillé, meurtri, défiguré, la risée des foules et l'abjection du peuple ; je l'ai vu couronné d'épines et ruisselant de sang. C'est ainsi qu'il m'appelle, ce sont ses plaies qui me crient : Va guérir les maux de mon peuple !

— Mais, ces maux, bien d'autres les soulagent ; et penses-tu les guérir seul ?

— Ceux qui m'attirent ont échappé jusqu'ici au zèle et à la charité. J'entends des multitudes d'enfants délaissés qui réclament le pain de la vérité et ne trouvent personne pour le leur rompre.

— Mais est-ce le fait des hommes de ta race ?

— Ceux de ma race n'ont-ils pas des devoirs à remplir envers le peuple ? Ils en ont reçu des honneurs et des privilèges, que lui donnent-ils aujourd'hui en échange ? Sans doute ils ont versé leur sang pour défendre la patrie menacée, mais beaucoup étalent en ce siècle un luxe insolent et font descendre en bas les exemples funestes de leur corruption... O mes aïeux, vous ne me démentirez pas si je vais à mon tour affranchir le Christ captif dans ses membres souffrants et marcher à une nouvelle croisade.

Et Jean-Baptiste n'hésite pas. Il dépose aux pieds de l'Archevêque de Reims son titre et son bénéfice de chanoine ; il distribue lui-même aux pauvres sa fortune, ses biens, tout l'or qu'il possède, non en une fois, par un de ces élans spontanés qui rendent le sacrifice moins pénible, mais peu à peu, en détail, tous les jours, pendant deux ans, pour goûter à loisir les joies austères du dépouillement absolu ; et quand il a donné jusqu'à sa dernière obole, il prend alors une robe de bure, les livrées de la pauvreté, et il s'en va, lui le fils des preux chevaliers, mendier sur les grands chemins et manger le pain noir de l'aumône.

C'en est fait maintenant : son âme est en repos, il se donne tout entier à son œuvre. *Animam ipsius requiescere facit* (1).

En ce temps-là, Bossuet, prêchant à la cour, disait avec des larmes à Louis XIV : « Sire, c'est Jésus mourant qui vous y exhorte, il vous recommande vos pauvres peuples. » Fénelon écrivait les lettres les plus énergiques et les plus attendrissantes ; Bourdaloue s'immortalisait avec ses sermons sur l'emploi des richesses et la nécessité de l'aumône ; mais tandis que ces grandes voix tombaient sur les sommets de la société, un homme caché dans un faubourg de Paris, devenu le dernier des pauvres et la risée de ses amis, jetait les fondements d'une œuvre qui devait être l'un des plus grands bienfaits accordés au peuple. *Et dedit se ut liberaret populum* (2). Nous le jugerons tout à l'heure à ses fruits.

Il nous faut voir ici comment notre apôtre a entendu le don de soi par où se prouve le véritable amour. Il a donné tout ce qu'il avait, il se donne maintenant lui-même et il a fait le vœu resté célèbre :

« Très sainte Trinité, Père, Fils et Saint-Esprit, prosterné dans un très profond respect devant votre infinie et adorable majesté, je me consacre tout à vous et fais vœu de m'unir et demeurer en société avec mes frères, pour tenir ensemble et par association les écoles gratuites en quelque lieu que ce soit, quand même je serais obligé, pour le faire, de demander l'aumône et de vivre de pain seulement. »

(1) *Prov.*, XXV, 13.

(2) I. Macch., VI, 44.

Eh bien ! mes Frères, le sacrifice est-il accompli ? Il commence.

Ce bon cœur va connaitre l'ingratitude, l'injustice, la persécution.

Il fonde ses écoles ; il y convoque les pauvres petits enfants abandonnés ; il leur fait connaitre et goûter les vérités de la religion, en même temps qu'il ouvre leur intelligence aux clartés et aux charmes des lettres et des sciences, et voici que toutes les vilenies, toutes les méchancetés humaines se déchainent contre lui.

Vous ferai-je le lamentable tableau de ses épreuves, ici, en un pareil moment ?

Non ; je les rappelle pour vous montrer le grand amour de ce cœur vivifié et fécondé par la souffrance. Que l'enfer soit conjuré contre l'apôtre qui doit lui arracher tant d'âmes, je le conçois. Que ceux dont il trouble le repos et menace les intérêts se liguent contre lui, c'était prévu. Mais les coups lui vinrent d'où il ne pouvait les attendre. Ceux qui auraient dû les premiers comprendre l'excellence de son œuvre et la seconder de tous leurs efforts, la méconnaissent et la traversent avec une opiniâtreté et une rigueur implacables. Laissons ces aveugles. C'est vous que je contemple, sainte victime, douce, humble, résignée. Votre œuvre de Reims est tombée ; plusieurs de vos disciples vous ont abandonné et trahi ; le pain manque à vos maisons ; le curé de Saint-Sulpice vous dénonce ; l'Archevêché de Paris vous intente un procès ; M. de Noailles vous dépose ; le lieutenant de police vous condamne ; votre pauvre mobilier est saisi ; le Parlement, imbu de jansénisme, dans un arrêt inqualifiable, vous fait défense de tenir aucune petite école pour l'instruction de la jeunesse dans l'étendue de la ville et des faubourgs de Paris.

Est-ce assez ? Les écoles sont fermées ; tous l'abandonnent, même ses anciens amis. Il est seul, tout seul, écrasé sous le poids de l'ingratitude universelle. Que dis-je, seul ! Oh ! non, il est avec Jésus. On le voit malade, se trainant sur les genoux, aux pieds de son crucifix. « O mon Jésus, me voici comme vous sous l'opprobre du monde. Qu'il m'est doux d'être attaché à la croix ! Recevez-moi dans vos bras et faites-moi goûter le bonheur de souffrir avec vous ! »

Il était las, épuisé, exténué, sur un pauvre grabat, lui qui avait eu un domaine seigneurial ; la maladie s'aggrave ; ses mains ne peuvent plus tenir le crucifix ni ses lèvres lui parler, mais comme il le regarde !

Tout le secret de sa force est là. Il dompte la maladie, il surmonte toutes les épreuves.

Relève-toi, noble apôtre ; ton œuvre, fécondée par la douleur, est désormais impérissable. Ton sacrifice a été agréable au Seigneur, ton héroïque dévouement ne sera pas stérile. Relève-toi ! C'est maintenant que ton œuvre s'étendra jusqu'aux extrémités du monde. *Lauda, sterilis... Dilata locum tentorii, et pelles tabernaculorum tuorum extende* (1). Si Paris te rejette, Rouen t'appelle ; son Archevêque t'ouvre ses bras ; la terre est choisie où s'épanouira ta première moisson. Ton grand amour, qui n'a vécu jusqu'ici que de renoncements, de souffrances, de tribulations, va devenir prodigieusement fécond.

Seulement, jusqu'à la fin, le Bienheureux égalera ses sacrifices et ses renoncements aux développements de son œuvre. Quand il aura mis à Saint-Yon la dernière main à la règle et aux constitutions de son Institut, quand il aura établi ses écoles jusque dans la ville éternelle, il se démettra, par un rare exemple, lui le fondateur, du gouvernement de l'Institut ; il deviendra le dernier et le plus soumis des membres de sa congrégation ; il achèvera, par ses pénitences et ses effrayantes austérités, son dépouillement universel, et il ira, joyeux, au-devant du dernier sacrifice.

A sa mort, il n'avait plus à offrir à Dieu que les débris d'un corps épuisé de fatigues et de mortifications. Il le fit dans un cantique d'actions de grâces.

La réponse du ciel ne se fit pas attendre. Jésus le pressa sur son cœur, dans la communion suprême, et l'inonda de ses divines consolations. Les regards de l'apôtre purent contempler, en se fermant, ses écoles et ses fils répandus en tout lieu, et partout florissants et bénis, et l'immense moisson que les siècles à venir tenaient en réserve. Peut-être lui fut-il donné d'entrevoir ce beau jour, ce sanctuaire, ces honneurs rendus à ses restes sacrés, et de vérifier ainsi l'oracle du prophète : *Ad punctum in modico dereliqui te et in miserationibus magnis congregabo te* (1).

(1) Isaïe, LIV, 1.

(1) Isaïe, LIV, 7.

On entendit partout alors, dans notre ville, le cri de la douleur et de l'admiration publiques : « Le saint est mort ! » Oui, mais son œuvre est vivante.

Voyons, mes frères, les fruits de l'amour d'un apôtre.

II.

Avant d'aborder cette seconde partie de mon discours, il me faut rendre solennellement témoignage à la vérité et au zèle du clergé catholique. Depuis que le Christ a prononcé cette parole libératrice : Les pauvres sont évangélisés, *pauperes evangelisantur*, l'une des plus constantes préoccupations de l'Eglise a été d'assurer aux pauvres le bienfait de la foi et de l'instruction. L'érudition serait ici déplacée ; mais j'atteste, avec les écrits des Pères, les canons des Conciles, les documents pontificaux, les monuments de l'histoire et la *Vie des Saints*, que l'Eglise n'a jamais failli à sa mission. Ecoles cathédrales et paroissiales étaient si nombreuses et si répandues au moyen-âge, que Gerson, dans son *Traité de la visite des Diocèses*, conseille aux Evêques de s'enquérir avec soin « si chaque paroisse possède une école, comment les enfants y sont enseignés, et d'en établir là où elles font défaut. » (1).

Et puisque j'ai prononcé le nom de ce grand homme, qui a honoré la France et servi l'Eglise avec un talent et un dévouement auxquels on n'a pas toujours rendu hommage, j'aime à rappeler que, joignant l'exemple au précepte, l'illustre chancelier de l'Université employa les dernières années de sa vie à Lyon à instruire les pauvres petits enfants. Il allait les recueillir par les rues et places de la ville, afin de leur consacrer les restes d'une grande voix qui était tombée et les flammes d'un cœur toujours brûlant de la plus tendre charité.

Les guerres de religion, dans la seconde moitié du xvie siècle, avaient ruiné à la fois, dans presque toute la France, les églises et les

(1) Edit. d'Anvers, tome II, col. 1560.

écoles. Le règne réparateur de Louis XIII n'avait pu les relever. Il se faisait alors, dans ce XVIe siècle qui porta à leur apogée la gloire et la grandeur de la France, un effort général pour restaurer l'état moral et religieux de la patrie. De saints prêtres écrivaient : « Les maux de l'Eglise ne peuvent être guéris que par les séminaires et les petites écoles. Les séminaires sont les écoles des ecclésiastiques ; les petites écoles sont les séminaires des chrétiens. » (1).

Les séminaires avaient été fondés ; les études ecclésiastiques, puissamment encouragées par Saint-Sulpice et l'Oratoire, étaient partout en honneur. Des hommes, comme M. Olivier, le cardinal de Bérulle, M. de Condren, le P. Bourgoing, M. Bourdoise, le P. Eudes, M. Boudon, le B. Grignon de Montfort, le B. Pierre Fourrier, le V. Gallemand, donnaient la main au grand Vincent de Paul dans la réforme des clercs et des mœurs chrétiennes. Saint François de Sales venait de renouveler le zèle et la piété ; Bossuet, l'éloquence ; Fénelon, la littérature sacrée. Il était réservé à J.-B. de la Salle de faire pénétrer l'esprit chrétien dans l'enseignement populaire.

Sans doute, et nous aimons à le reconnaître à l'honneur du clergé et des belles âmes de ce temps, il avait eu des précurseurs. Comment oublier ici l'admirable P. Barré, Mme de Maillefer, M. Roland, le pieux et savant théologal de Reims ; M. Adrien Nyel, de Rouen, « un de ces hommes de bien dont une ville se doit de conserver la mémoire ? » (2). Mais leurs essais ne faisaient qu'attester un besoin évident. Soyons justes envers tous. Un mouvement s'opérait dans plusieurs de nos provinces en faveur de l'instruction populaire, mais rien n'était créé. Si l'on trouve çà et là des matériaux préparés, où était le monument ? où l'architecte ? A l'heure voulue, la Providence suscita notre Bienheureux. *Et omne opus, hord suá, subministrabit* (3).

Je le dis avec une conviction profonde, bien que je n'entende exprimer en ce moment qu'une opinion personnelle, si l'enseignement

(1) M. BOURDOISE, *Abrégé de sa vie*, p. 222. Avignon, chez Joseph Domergne, 1774.

(2) M. DE BEAUREPAIRE, *Recherches sur l'instruction publique*, tome II, p. 334.

(3) *Eccli.*, XXXIX, 39.

des belles-lettres, ce que nous appelons aujourd'hui l'enseignement secondaire, avait trouvé son J.-B de la Salle, qui eût balayé des collèges l'engouement mythologique et tous ces restes impurs du paganisme remis en faveur par la Renaissance, la génération fatale des hommes du XVIIIe siècle eût été épargnée à la France, et avec elle les maux insondables de la Révolution.

Notre Bienheureux s'était donné la mission de s'occuper du peuple ; c'est à son instruction qu'il se dévoue.

Sa fondation, prodigieuse, quand on l'examine de près, comprend deux œuvres essentielles, liées entre elles et se complétant l'une par l'autre. Il crée le programme et la méthode de l'enseignement populaire ; il crée en même temps les apôtres chargés de les propager et de les appliquer.

A la base de son programme, il place l'enseignement de la religion, et c'est par là qu'il a contribué à conserver aux classes populaires le bienfait de la foi et de la civilisation chrétienne. Je ne puis, dans un discours si resserré, m'étendre sur le programme qui satisfait à toutes les exigences de l'esprit et à tous les besoins de la société, ni sur la méthode exposée dans un chef-d'œuvre, le livre *de la Conduite des Écoles chrétiennes*, où il a fait œuvre de création et de génie ; je me borne à le saluer, à ce seul titre, comme un des bienfaiteurs de l'enfance, car il a voulu, autant qu'il était en lui, la délivrer de l'ignorance religieuse, le plus grand des maux.

Sondez, si vous le pouvez, l'abîme où cette ignorance jette les âmes !

J'ai besoin de savoir, moi qui suis jeté sur la terre dans la lutte pour la vie, l'énigme de ma destinée.

Dis-moi, ô superbe impiété, d'où je viens, ce que j'ai à faire ici-bas, où je vais.

Réponds-moi. D'où viens-je ? — Je n'en sais rien ; du hasard, d'une molécule errante dans l'espace, ou peut-être d'un polype transformé.

Qu'ai-je à faire ici-bas ? — Tu as à travailler, à lutter, à jouir, si tu peux ; sinon, à souffrir, à mourir.

Quoi ! c'est là tout ce que tu me promets ? — Oui, mais je te donne la liberté, je t'affranchis de tous les maîtres au ciel et sur la terre, je proclame tes droits d'homme et de citoyen.

Quelle ironie ! le droit d'obéir à toutes les lois qu'il plaira, non à l'élite de l'humanité, mais à la multitude triomphante, au nombre seul, d'édicter ! Tu me fais libre vis-à-vis du ciel, mais esclave sur la terre d'une société qu'il me faut servir, du berceau à la tombe, comme une machine dont elle fait mouvoir les ressorts. C'est peu et c'est triste.

Mais enfin que deviendrai-je ? — La science ne le dit pas. Tu iras au néant ou au grand Tout. Au néant, tu auras passé comme le souffle qui traverse l'atmosphère ; au grand Tout, tes ossements serviront à engraisser la terre nourricière et entreront dans les transformations successives de la vie.

Or, mes frères, un peuple élevé dans ces idées est voué fatalement à la douleur, aux mœurs farouches, au désespoir. Il peut sonner par avance le glas de ses funérailles, et descendre dans la tombe en maudissant le jour où il est né !

Qu'enseigne la religion ? Elle apprend à l'homme que, créé par Dieu, l'Etre par essence, il doit retourner à Dieu ; que son âme immortelle, rachetée par le Christ, est appelée à mériter par ses œuvres le bonheur infini qui lui est réservé ; que la vie présente est une épreuve, dont le ciel est la récompense, et que, pendant l'épreuve, il a pour compagnon, pour guide, pour ami, pour frère, le Dieu fait homme, vivant à ses côtés et se donnant à lui.

Telle est la sublime et consolante doctrine chrétienne que J.-B. de la Salle s'est attaché, par l'école, à faire connaître et aimer du peuple.

« La fin de cet Institut, proclame-t-il, est de donner une éducation chrétienne aux enfants ; et c'est pour ce sujet qu'on y tient les écoles, afin que les enfants y étant sous la conduite des maîtres depuis le matin jusqu'au soir, les maîtres leur apprennent à bien vivre. »

Pour perpétuer ce bienfait, il a créé une génération d'instituteurs à son image, qui seront dans le monde les plus puissants auxiliaires du sacerdoce, car les Frères, au milieu de leurs élèves, sont comme les prêtres au milieu de la grande famille chrétienne, les apôtres de la lumière, de l'espérance et de la charité.

Hommes et jeunes gens qui m'entendez, vous qui avez été élevés par ces maîtres admirables, qui êtes la fleur de leur zèle, la couronne de leur dévouement, nobles chrétiens, levez-vous et répondez, en face des ossements de ce saint ; ne les bénissez-vous pas, tous les jours, d'avoir formé votre intelligence à la foi et votre cœur à la vertu ? Il est donc vrai, ô Père bienheureux, que votre amour a été fécond, que les fils sortis de votre pensée et de votre âme demeurent votre plus belle louange et votre éternel honneur. *Hæc est hæreditas servorum Domini, et justitia eorum apud me, dicit Dominus* (1).

Je vous vois entouré de cette vaillante milice qui depuis deux siècles continue votre œuvre. Qu'elle est belle et qu'elle est immense cette légion d'apôtres ! Elle couvre de ses écoles et de ses bienfaits les deux mondes reconnaissants. Ils sont partout dans la vieille Europe ; l'Asie les vénère comme des sages et des êtres presque surhumains ; l'Afrique leur doit en partie ses promesses de résurrection ; l'Amérique les proclame les premiers éducateurs du monde et les entoure d'estime et d'honneur ; l'Océanie leur ouvre ses îles comme aux meilleurs pionniers du progrès et de la civilisation.

Comptez, si vous le pouvez, les combats qu'ils ont livrés à l'ignorance, au vice, à l'impiété, cause de tous les malheurs, et célébrez, si vous aimez les hommes, les victoires qu'ils ont remportées ! *Montes et colles cantabunt coram vobis laudem, et omnia ligna regionis plaudent manu* (2).

Comme leur père, ils se sont exercés à leur mission par le sacrifice et l'immolation personnels ; ils ont rompu par leurs vœux tous les liens qui attachent l'égoïsme, pour se donner aux âmes.

Où trouvez-vous une règle plus austère, une discipline mieux observée, un renoncement plus absolu ? Les Frères se lèvent avec l'aube, prient et méditent plusieurs fois le jour ; ils enseignent pendant huit heures, c'est-à-dire qu'ils dépensent toutes leurs forces au labeur le plus pénible, dans une école nombreuse où l'ordre doit toujours être maintenu ; rentrés le soir à la communauté, il ne se reposent des fatigues de la classe que par l'étude personnelle imposée par la règle ; leur table est la frugalité même ; leurs récréations, de pieuses conversations. Suivez-les à la promenade : ils portent un chapelet qu'ils

(1) Isaïe, LIV, 17.

(2) *Id.*, LV, 13.

égrènent fidèlement, le Nouveau Testament où ils puisent chaque jour la science sacrée, l'*Imitation de Jésus-Christ*, qui leur répète sans cesse : « Aime à être inconnu et à être compté pour rien. Toute gloire humaine, tout honneur passager, toute la grandeur du monde n'est que folie et vanité en comparaison de la gloire éternelle. » Leur joie la plus enviée est la communion fréquente, où ils trouvent Jésus, le grand amour de leur vie. Ah ! vous vous demandez parfois, hommes de ce temps, comment, sans espoir de récompenses humaines, au milieu des insultes et des contradictions, cette race de généreux, ces héros de l'instruction se perpétuent encore et ne se lassent jamais ! Sachez-le bien, le secret de leur dévouement est dans leur vertu, la source de leur zèle dans leur religion. Ils seraient trop heureux si les hommes étaient justes envers eux ; mais il leur faut des souffrances et des persécutions, et notre temps et notre pays, hélas ! ne les leur ménagent pas.

Eh bien ! c'est là qu'ils triomphent. Ils répondent aux injures par des prières, aux calomnies par une plus complète abnégation, à la proscription par des services plus signalés. Comme on les avait vus monter avec des hymnes et des sourires sur les échafauds de la Terreur, notre génération les a admirés sur les champs de bataille, ramassant et soignant les blessés, et mourant à côté de nos soldats.

Ecoutez le témoignage que leur a rendu l'Académie française en leur attribuant le prix de la ville de Boston pour le plus bel acte de dévouement pendant le siège de Paris :

« Lorsqu'on vit la patrie en danger, le sentiment qui nous émut tous les émut vivement ; ils se demandèrent comment ils pourraient concourir à sa défense et soulager ses maux. Deux fibres vibrèrent à la fois dans leur cœur ; celle du citoyen et celle du chrétien. Deux sentiments et deux vertus les entraînèrent : le patriotisme et la charité... On les voyait de grand matin, par un froid rigoureux, traverser Paris au nombre de trois à quatre cents, salués par la population, le Frère Philippe en tête, malgré ses quatre-vingts ans, et les envoyant au combat, où il ne pouvait les suivre. Quant aux Frères, ils affrontaient le feu comme s'ils n'avaient fait que cela toute leur vie, admirables par leur discipline et leur ardeur. C'est ce que tout le monde a proclamé. »

Dans les fléaux et les calamités publiques : choléras, inondations, incendiés, on les trouve au premier rang parmi les plus intrépides et les plus dévoués, prouvant une fois de plus au monde que la foi qui fait les chrétiens fait aussi les meilleurs citoyens.

Enfin, ils portent un nom qui dit tout. Le peuple, les plus pauvres petits enfants, les derniers des délaissés, les appellent : Mon Frère, mon cher Frère, sachant bien que sous leur bure bat un cœur ouvert à tous les dévouements et à toutes les saintes affections.

J'ai vu le Frère populaire des Ecoles chrétiennes. Il avait enseigné, pendant cinquante ans, sur ma paroisse (1) ; il était devenu l'ami, le conseiller, l'oracle du quartier. Sa vue seule valait une prédication ; ses félicitations étaient pour les hommes mûrs une récompense; la crainte de le contrister apaisait les querelles, le désir de lui plaire enfantait les généreuses résolutions. Quand il passait dans nos rues, les enfants couraient à lui, toutes les figures s'épanouissaient en le saluant, son sourire était la bénédiction de la journée. Au jour de ses funérailles, ses anciens élèves, des hommes estimés dans la cité, voulurent porter son cercueil, et c'est sur les épaules du peuple qu'il est entré dans sa dernière demeure.

J'ai vu, un jour aussi, la reconnaissance nationale s'affirmer dans une manifestation digne d'elle. Le 2 juin 1875, la France, par ses représentants les plus autorisés, était groupée autour de la statue de notre Bienheureux et rendait hommage à ses bienfaits. Le cortège qui s'était déroulé de la Métropole à la place Saint-Sever, avait trouvé la foule émue et sympathique. On avait admiré les gracieuses phalanges des petits enfants, les écoles religieuses et laïques unies dans un même sentiment de fraternité, les nombreuses députations de sociétés d'hommes et de jeunes gens, nos trois cents prêtres ; les princes de la hiérarchie sacrée : ces neuf Archevêques et Evêques, aussi vénérables par leurs vertus et leurs mérites que par leur éminente dignité ; mais dans la belle ordonnance de cette marche triomphale, qui avait remué le plus profondément les cœurs ? Ah ! il m'en souvient pour l'avoir ressenti, c'était le groupe des Frères marchant sous leur glorieux étendard. A la vue de ces hommes, si humbles dans leur foi, si touchants dans leur recueillement, au souvenir de leurs souffrances et de leurs labeurs

(1) Le bon Frère Épimaque.

si souvent méconnus, le respect tenant nos voix muettes, nos âmes les entouraient d'hommages et de bénédictions : « Honneur à vous, dignes religieux, qui avez répandu à flots l'instruction sur les foules, qui tenez ouvertes de par le monde des milliers d'écoles gratuites, qui avez formé tant d'hommes considérés dans le sacerdoce, la magistrature, l'armée, le commerce, l'art et l'industrie ; passez, escortés de tous les ignorants que vous avez éclairés, de tous les pauvres que vous avez recueillis, de tous les orphelins que vous avez élevés ; passez, hommes de foi, bénis de la France et de l'Eglise ! ce jour vous paye de toutes les ingratitudes et vous entoure d'une auréole ineffaçable ! »

Voilà vos fils, ô Père Bienheureux ; ils vous répètent et vous continuent à travers les siècles ; et si j'ai parlé d'eux, c'était pour achever votre histoire en montrant les fruits que votre amour d'apôtre avait portés. *Filii tibi sunt, erudi illos et curva illos* (1). Certes, on en conviendra, si vous avez beaucoup donné, vous avez beaucoup recueilli. La semence que vous avez jetée en terre avec des larmes et des sacrifices est devenue cette immortelle moisson de chrétiens et d'élus qui vous entourent au ciel et y forment pour l'éternité votre vivante et splendide couronne. *In multitudine electorum habebit laudem et inter benedictos benedicetur* (2).

Et maintenant l'Eglise vous décerne les honneurs de ses autels. Autrefois, quand vous pénétriez dans la Cathédrale des Colbert et des d'Aubigné, c'était timidement, dans votre pauvre bure, au dernier rang ; vous vous agenouilliez sur ses dalles, le front dans la poussière, cherchant à être inconnu et méprisé des hommes. Demain toutes les cloches ébranlées salueront votre entrée triomphale. Vos sacrés ossements, entourés de pourpre et d'or, seront portés sur les épaules de vos Fils, salués par les acclamations de la liturgie et les concerts des harmonies sacrées. Huit Pontifes, l'honneur de l'Eglise de France, inclineront devant vous leurs têtes augustes et vénérables et vous feront cortège, et avec eux, le clergé et l'élite des fidèles de ce grand diocèse ; et cette exclamation de Bossuet nous montera aux lèvres : « Quel état ! et quel état ! »

(1) *Eccli.*, VII, 25.

(2) *Ibid.*, XXIV, 4.

C'est ainsi que Dieu, patient parce qu'il est éternel, glorifie, même ici-bas, ses apôtres et ses saints. *In Deo honorabitur et in medio populi sui gloriabitur* (1).

Mais avant de nous quitter pour la pompe des solennités suprêmes, pendant que vous êtes encore avec nous, dans ce sanctuaire qui vous est consacré et qui sera désormais votre douce et glorieuse demeure parmi les hommes, au milieu de vos Frères bien-aimés et de l'élite de vos fils, Père bienheureux, bénissez-nous !

Que votre main se lève de cette châsse, qu'elle se ranime, s'étende sur cet auditoire et s'abaisse sur nous ! Nous sommes tous inclinés humblement.

Ecoutez-moi encore. Je vous appelle, ô Père, je vous appelle ! Naguère délégué par le vénérable Cardinal de Bonnechose, je suis venu près de vos ossements sacrés prier pendant neuf jours et vous demander un miracle pour le jeune Etienne de Susanne ; vous l'avez accordé (2).

C'est la jeunesse de notre pays, c'est notre pays lui-même qui est aujourd'hui en péril. Intercédez pour lui et méritez-lui de conserver le don de la foi. Et obtenez-nous, à nous prêtres, frères et fidèles, de savoir souffrir à votre exemple, nous dévouer, nous immoler jusqu'à notre dernier soupir, en aimant et en servant comme vous les pauvres, la France et Jésus-Christ !

(1) *Eccli.*, XXIV, 1.

(2) Ce miracle est un de ceux qui ont été admis comme véritables et dûment constatés dans la cause de la béatification, par décret du 1er novembre 1887.